AF462373

UN POÈTE NIÇOIS

MLLE A. S. SASSERNÒ

PAR

LUCIEN PIC

TURIN
IMPRIMERIE ROYALE J.-B. PARAVIA ET C.
(Fils de I. Vigliardi)
1890

UN POÈTE NIÇOIS

UN POÈTE NIÇOIS

Mlle A. S. SASSERNÒ

PAR

LUCIEN PIC

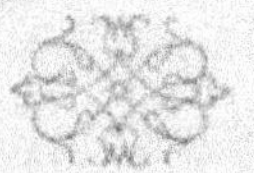

TURIN
IMPRIMERIE ROYALE J.-B. PARAVIA ET C.
(Fils de I. Vigliardi)
1890

3968 (200) 11-III-96.

AVIS

Il y a quelque temps il m'est tombé entre les mains les poésies de Mlle A. S. Sassernò.

J'y ai trouvé tant de délicatesse et de fraîcheur et un tact si exquis dans les expressions, que j'essayai de faire une étude sur ses œuvres; mais je demeurai longtemps indécis.

Enfin, après bien des doutes et de l'hésitation, je me décidai à en faire l'objet d'une publication, suivie de quelques morceaux choisis de cet auteur, qui serviront à donner du poids à mes appréciations.

J'espère dans l'indulgence du Lecteur, et je le prie à ne me vouloir juger que sons le point de vue de ma bonne volonté.

L. Pic.

I.

Il est des contrées où l'on dirait que Dieu a répandu à pleines mains toutes les beautés de la nature : la pureté du ciel, la somptuosité de la terre, la douceur du climat. Ce sont des régions qui rappellent les plus célèbres contrées de l'antiquité : l'Italie, la Grèce, l'Asie ; ce sont des lieux qui enchantent notre imagination.

Connaissez-vous ce délicieux coin de la nature qui est comme un charmant bijou enchâssé sur les rivages méditerranéens de la Péninsule italienne ? Connaissez-vous la Provence, une des contrées les plus privilégiées de l'Europe?

Si, par hasard, vous avez descendu les pentes du Rhône, promené vos regards sur les fertiles campagnes de Nice, vous aurez été ébloui à la vue d'un panorama des plus admirables, constamment animé par une nature à la fois majestueuse et riante, qui se déroule de tous côtés. À un certain, point les montagnes s'écartent, les prés s'élargissent et forment une plaine très vaste, ouverte au Nord vers la mer, bornée au Septentrion, à l'Orient et à l'Occident par des escarpements merveilleux, dessinée pittoresquement comme un immense amphithéâtre.

Des jardins, qui étalent sur cette plaine diaprée, toutes les magnificences d'une luxuriante végétation; une multitude de maisons nuancées de diverses couleurs et s'éparpillant au loin dans les campagnes, sur les bords de la mer; au pied des montagnes, sur le penchant et la cime des collines, des châteaux, des abbayes capricieusement, mais agréablement jetés dans les plus belles positions; puis des coteaux, en terrasse, d'où l'on jouit de la merveilleuse vue de la mer, et où la nature a semé ses trésors les plus rares, ses plantes, ses arbustes, ses fleurs, ses arbres à la vigueur puissante.

Rien n'est plus beau que le spectacle dont on peut jouir de ces points au coucher du soleil! L'immensité de la mer, la gaieté de ses rivages, la ville et les monts escarpés qui forment comme une ceinture sur la côte de la Provence, reçoivent les derniers adieux du grand astre qui naguère les inondait de lumière. Toutes les couleurs de l'arc-en-ciel ornent alors cette scène féerique. Peu à peu le cœur s'émeut, l'esprit s'élève de la terre et plane dans les mystères les plus purs de la création.

J'ai ouï dire que la douceur du climat exerce quelquefois une influence bienfaisante sur l'esprit des habitants. Je ne suis pas à même de prouver celà; mais, certes, devant les plus merveilleuses œuvres de la nature, personne ne peut demeurer indifférent.

Et c'est au milieu de cette délicieuse végétation que Nice a surgi, et s'est acquis une célébrité européenne par son climat si doux et son ciel si pur. Quoique provençale par son origine, sa langue et ses mœurs, elle appartient géographiquement à l'Italie.

Nice fut bâtie par les Marseillais qui venaient de la Grèce phocéenne. Elle fut à plusieurs reprises saccagée et pillée par les barbares de l'Orient, mais se releva sur ses ruines, eut ses lois, sa nationalité, ses gloires et ses héros.

Rome l'assujettit à sa domination et lui donna sa langue, qui fut modifiée tour à tour par l'invasion des Goths et des Bourguignons. Les Sarrasins lui ont apporté bon nombre de paroles arabes.

Ainsi se forma la langue *romane* ou *romance* ou *provençale*, dans laquelle le latin militaire restait toujours prépondérant; et elle fut ensuite rendue plus douce et plus agréable par les poètes.

En effet, la poésie eut une grande importance dans l'histoire de la Provence. Au milieu de toutes ces fleurs, ces lacs, cette fraîcheur, on ne pouvait que chanter. L'amour et la valeur ont inspiré un grand nombre de poètes qui furent appelés *troubadours*, c'est-à-dire inventeurs d'une nouvelle manière de rimer.

Béatrix de Savoie porta l'éclat de sa beauté et de ses vertus à la cour de son époux, Raymond Berlinghieri, comte de Provence.

Elle et les dames de son cortège étaient le but de ces chants qui les ont immortalisées. Cette forme de poésie acquit bien vite la faveur universelle, de sorte que les Italiens, les Siciliens surtout, charmés par la douceur de la langue, s'en servirent dans leurs compositions.

Nice même eut ses troubadours : Guillaume Boyer, tour à tour poète et guerrier ; Pierre de Castelnuovo; Hugues de Penna, qui fut déclaré le premier rimeur de son temps et couronné.

Mais peu à peu, dans la ville, cette langue a subi de grandes modifications et s'est approchée de la langue italienne.

Les femmes de Nice sont charmantes et habillées avec un goût exquis, qui tient à la fois de la mode française et de celle que les Anglais lui ont apportée des bords de la Tamise. Celles des villages et du peuple ont une coiffure très gentille en soie de diverses couleurs; c'est la *rédécilla* des Espagnoles, qui rappelle l'ancien art grec. Les Anglais surtout ont une prédilection pour cette ville et en ont occupé une partie, qui s'appelle la *Cité Anglaise*. Ils y ont bâti leurs églises, leurs écoles et même un cimetière, renfermant de nombreuses victimes qui, attirées par la tiédeur de l'atmosphère, viennent y chercher un allégement à leurs souffrances.

Et, en effet, les plus belles journées de l'hiver ressemblent ici à un magnifique printemps. Il n'est pas rare de voir dans les rues des figures pâles et maladives qui se traînent avec peine, espérant une amélioration prochaine.

D'autres s'y rendent pour y trouver un abri contre la rigueur de l'hiver, la plupart y retournent pour jouir de l'aménité de son sol riant, des doux rayons du soleil, y respirer un air embaumé du parfum des fleurs, des plantes, des arbres toujours verdoyants, réjouir leurs yeux au milieu d'une nature enchanteresse; pour se reposer à l'ombre des oliviers, des citronniers et des orangers; aspirer les enivrantes émanations que leur apporte par bouffées la brise tiède et parfumée de la mer, avec le souffle de la poésie de la Grèce et de l'Orient.

Pendant ce temps la neige blanchit les cimes élevées des montagnes environnantes; et, dans la plaine, elle ne tombe que rarement et ne s'est pas encore posée sur le sol que déjà elle s'efface.

Ainsi après avoir admiré cette plage favorisée du ciel, joui des bienfaits d'un climat exceptionnel en Europe, l'étranger ne peut lui refuser un tribut d'éloges ; la reconnaissance lui met la plume à la main, et, selon la tendance de son esprit et de son caractère, il devient poète ou prosateur, historien ou romancier. Nice a été célébrée en prose et en vers sur tous les tons et dans toutes les langues; les uns en ont vanté la pureté du ciel, la beauté des sites, le charme des paysages ; d'autres ont signalé les monuments et les curiosités de la ville et des environs, ainsi que les riches productions de ce sol fertile.

Grand nombre d'écrivains, de poètes, et même de peintres, viennent visiter cette belle partie de la Provence et rendre hommage à la patrie de Catherine Segurana.

Rien de plus naturel que cette ville, née sous l'influence de la civilisation grecque, participant à la civilisation romaine, adoptant plus tard la langue, les mœurs, la littérature des troubadours provençaux, ait inspiré tant de vers et produit à tous les âges et à tous les siècles tant de suivants de la *gaie science*.

Est-il étonnant que la musique, la poésie, le dessin et la peinture, ces arts délicieux, soient cultivés avec succès et entraînement par les

Niçois? Est-il étonnant qu'un de ses enfants, *Charles Séméria*, ait chanté ces vers délicieux? :

Souta d'acheu beu Siel, che fouara cadun vanta,
E don l'iver souven sembla un printem ch'encanta,
A Nissa, luec divin, giardin tougiou fleurit.

Et ce qu'il faut encore remarquer, c'est que ces vers furent écrits dans les moments de loisir que le commerce permettait à l'auteur, ce qui prouve à l'évidence que tout le monde est poète sous ce *beu Siel*.

Nice a produit des hommes de génie et de talent dans tous les genres, depuis les martyrs de la religion du Christ, qui (lorsque l'empire romain s'écroulait sous le poids de sa corruption) réfléchit sur le monde un éclat de lumière limpide et pure dont il fut régénéré, et jeta les bases d'une société nouvelle et d'une saine philosophie.

Elle peut citer avec orgueil des familles illustres, telles que les Doria, les Revel, les Lascaris et les Grimaldi de Beuil.

Ces derniers, possesseurs d'immenses richesses et de nombreux domaines, portaient cette orgueilleuse devise:

> Io son conte di Boglio
> Che faccio quel che voglio.

Des guerriers et des marins, tels que Massena et Bavastro, son ami, la terreur des Anglais et des pirates; le vice-amiral Albini, mort en 1859, juste à temps encore pour applaudir aux triomphes des armes franco-italiennes, et aux succès de son compatriote, qui combattait alors aussi sur les mêmes champs. Des historiographes et des littérateurs, tels qu'Albert de Villeneuve, auteur du Dictionnaire très connu qui porte son nom; Passeroni, mort à Milan, dont on connaît la vie et les vertus; Durante, qui a écrit l'histoire de Nice; Adolphe Blanqui et Joseph Garnier, célèbres économistes; Vanloo et Biscarra, parmi les mathématiciens et les astronomes; Andrioli, Cougnet, Dabroy et Sassernò parmi les poètes modernes.

Ayant lu les œuvres de ce dernier, je fus étonné de l'abandon où elles sont tombées; on les a presque oubliées, et c'est à peine si en parcourant des recueils de poésies choisies j'en trouve rapporté quelques-unes, qui ne suffisent qu'à nous rappeler le nom de l'auteur en ne jetant qu'une trop faible lumière sur ses œuvres. A la suite de cette réflexion, j'ai résolu de faire revivre, si c'est possible, le souvenir d'un poète jadis très connu dans notre ville, et l'un des premiers contemporains qui ont illustré leur patrie. Je me bornerai donc à donner les notices biographiques indispensables pour établir l'époque de sa naissance, de sa vie et de sa mort.

Je passerai ensuite à une étude sur ses compositions, étude qui n'aura certes d'autre mérite que celui de les classer selon leur importance et d'étudier le mobile de leur inspiration. On aura l'aise de découvrir de telle manière, pendant ce voyage pour ainsi dire littéraire, le caractère de la femme.

Or, je tiens à déclarer que je n'ai qu'un but, celui de transcrire les impressions que je reçois par la lecture de ces poésies, et je demande pardon au Lecteur si parfois mes idées ne seront pas à l'unisson avec les siennes; elle ne seront que l'expression de mon opinion.

II.

Mlle Agathe Sophie Sassernò naquit à Nice en 1814, de Mr Louis Sassernò (lieutenant-colonel d'infanterie, au service de la France, aide-de-camp du général Massena) et de Marie Sybille Chartroux.

Privée de sa mère dès la plus tendre enfance, elle fut élevée par les soins d'un père qui l'aimait tendrement et pour qui elle avait une affection toute particulière.

Les premières années de sa jeunesse s'écoulèrent là où elle avait reçu le jour, dans un bonheur paisible, qui s'effaça, hélas! trop vite pour ne plus reparaître. Son père, déjà vieux, et usé par les fatigues de la guerre, mourut : elle se trouva seule au monde sans fortune et sans appui ; elle se décida quelques années après à quitter sa ville natale et à venir s'établir à Turin, où elle avait déjà plusieurs connaissances et où ses ouvrages ne tardèrent pas à lui en procurer beaucoup d'autres, qui l'accueillirent avec distinction et même s'intéressèrent à son sort. Néanmoins elles ne purent jamais parvenir à lui faire oublier sa solitude : son existence se partagea dès lors entre de mortelles tristesses et une profonde douleur, qui devint en elle une véritable maladie, laquelle dura toute sa vie. L'étude seule servait à calmer ses chagrins, et à ses vers elle confiait ses souffrances et leur demandait un allégement à ses peines. C'est peut-être là la raison qu'elle s'y était entièrement adonnée, à l'âge où les femmes ne songent encore qu'aux joies futiles, propres à leur caractère. Son talent pour la poésie se révéla très précocement dans un essai poétique et d'une manière assez curieuse pour que j'oublie de vous l'expliquer, ce que je ferai par ses propres paroles.

Elle était, par caractère, douce, symphatique

et inclinée à la pitié; elle passait son temps à soulager et à consoler la vieillesse de son père aveugle.

« Vieux guerrier lui-même, ses larmes coulaient aux récits des malheurs passés de ses anciens compagnons de gloire et d'infortune.

« Habituée, dès mes premières années, aux chaleureux discours du noble vieillard, mon âme s'était impressionnée de ses pensées et de ses affections. Que de fois! dans nos soirées d'hiver, assise à ses genoux, émue et tremblante, écoutai-je avec ravissement ses longs récits de batailles. Tout le feu de la jeunesse et de l'inspiration animait alors ses traits graves et mélancoliques, et cette voix si douce et si sonore, qui n'eut jamais pour moi que des mots de bonheur et d'amour!..... Ses yeux rêveurs cherchaient encore à voir ses enfants chéris, hélas! avec ce doux et suave regard qui ne pouvait plus rencontrer les nôtres!..... Alors le son de nos voix enfantines égayait cette âme forte, que le malheur ne fit jamais plier; et, lorsqu'un jour, à peine âgée de quatorze ans, palpitante de joie, je vins m'élancer dans ses bras, ma romance à la main, et que je vis ce vieillard adoré sourire à la lecture de ce frêle essai et applaudir avec toute la bonté d'un père à mes premiers vers, qui semblaient lui retracer ses propres émotions ; oh ! alors, je me sentis si heureuse, que je vouai à cette pièce une espèce de religieux sentiment de reconnaissance. »

Pourtant, ce premier essai, qui révélait un poète à venir, avait attiré de nombreux éloges à la jeune muse et la décida à cultiver sérieusement ses heureuses dispositions pour la poésie. Son imagination ne tarda pas à lui suggérer des vers en ouvrant à son inspiration plusieurs sources et même d'une certaine fécondité.

Sa naissance et les objets qui l'entourèrent dès le berceau eurent une grande influence, qui se révèle copieusement même à une seule lecture de ses ouvrages.

Fille d'un militaire, elle fut élevée dans l'amour des armes et de la patrie; la grande affection qu'elle avait pour son père ne fit qu'accroître son enthousiasme pour tous les faits d'armes qu'elle entendait raconter, et, plus tard, pour ceux dont elle fut témoin, et non indifférent.

L'amour de la patrie, ses gloires et ses

malheurs l'ont obligée à suivre sa longue épopée ; elle éleva à chaque victoire un hymne de gloire et une parole d' encouragement ; et une plainte délicate a toujours suivi ses malheurs.

Ne pouvant comme femme ceindre l'épée et courir sur les champs de bataille, elle ne manqua pas de concourir à la grande révolution qui devait régénérer tout un peuple et établir un nouveau potentat en Europe. Elle ne pouvait se couvrir de gloire par quelque action de bravoure et de valeur, mais elle s'éleva un monument impérissable par ses talents.

La reconnaissance ne fut pas la dernière de ses vertus. Pendant son long séjour à Turin, qui n'était alors que la capitale du royaume de Sardaigne, l'attention de la Cour ne tarda point à se poser sur le jeune auteur. Charles-Albert, Marie-Christine, Victor-Emmanuel et le Duc de Gênes lui témoignèrent beaucoup d'estime et de déférence et l'ont même comblée de plusieurs faveurs. L'Académie royale de Turin et l'Académie impériale de Lyon l'avaient admise au nombre de leurs membres ; plus, le roi l'avait fait pensionner par l'ordre du Mérite Civil. Un de ses poèmes, *Haute-Combe*, peut, à plus d'un titre, être considéré comme un hymne que la reconnaissance lui a dicté en témoignage de vénération et de respect pour S. M. la reine Marie-Christine à qui elle devait beaucoup. Dans un chant funèbre, écrit sur la mort de S. A. R. Ferdinand de Savoie, elle dit :

> Il fut mon bienfaiteur, je ne le louerai pas,
> Je le pleure......

En faisant ainsi allusion à une pension que le défunt lui avait accordée et qui lui a été généreusement continuée par son Auguste Veuve.

Dans les jours les plus tristes de sa vie, quand le désespoir la saisit, son esprit, enclin à la bonté, lui rappelle alors : « tant de noms chers et gracieux, tant de fronts aimés qui, quoique étrangère, l'ont comblée des témoignages les plus vrais et les plus touchants d'amitié et de sympathie, » et elle leur élève un tribut d'affection et de gratitude dans les vers qui, recueillis en volume et dédiés aux dames piémontaises, parurent sous le titre : « *Pleurs et Sourires* » — *Etrenne poétique.* — Elle fit précéder ces poésies d'un avant-propos, où sont imprimées ces paroles: « Lisez ces pages, Mesdames, où j'épanchais mon âme, et vous y retrouverez la trace des pleurs que vous avez souvent essuyés, et l'apparition d'un sourire que vos soins si pieux ont su ramener parfois sur mes lèvres. »

Elle était, par nature, portée à la rêverie; sa pensée aimait à se transporter aux jours de son enfance; elle se rappelait les vertes collines qui entourent sa ville natale, toute cette richesse de couleurs et de lumières, produit d'une nature luxuriante, dorée par le plus beau des soleils, et se revoyait rêveuse et tranquille, reposant son regard sur la mer infinie. Voyez comme elle peint l'état de son âme d'enfant naïf et inconscient de l'avenir :

Lorsque j'avais quinze ans, belle encor d'espérance,
Je couronnais mon front de l'aubépine en fleurs,
J'ignorais jusqu'au nom de l'amère souffrance,
Et mes regards jamais n'avaient versé de pleurs.

Tout souriait en moi, tout chantait dans mon âme,
Tout rayonnait de joie et m'enivrait d'amour,
J'aspirais le bonheur comme le vent la flamme:
Le pinson, par ses chants, salue ainsi le jour.

Mais parfois les mêmes souvenirs n'ont plus le pouvoir de réveiller l'espérance dans son cœur; un vif chagrin déchire son âme, l'image de son père se présente à sa mémoire, elle tombe sous le poids d'une profonde tristesse; toutes les beautés de la nature ne peuvent amener un sourire sur ses lèvres; le soleil n'a plus d'éclat pour elle, on dirait même qu'elle va jusqu'à désirer que la nature soit muette, et ne lui rappelle par son langage mystérieux le ciel qu'elle parcourait jadis de son regard, elle s'écrie d'une voix émue et passionnée:

O fleur de mon pays, douce fleur embaumée,
Ton parfum dans mon sein éveille une douleur;
Comme une voix aimée,
De tristesse et d'amour tu fais battre mon cœur.

J'ai cru respirer l'air de ma terre natale:
Un souffle m'a rendu mes songes printanniers,
Blanche fleur virginale,
Que je cueillais, enfant, sur mes verts citronniers.

Que de fois tes bouquets, arrondis en guirlande,
D'un père idolâtré ceignaient les cheveux blancs;
Fraîche et pieuse offrande,
Qu'un baiser déposait sur ses genoux tremblants.

Que de fois effeuillant ta corolle étoilée,
Je livrais tes débris aux flots tumultueux;
De ma vie isolée,
Pauvre fleur, tu m'offrais le destin orageux.

« Le parfum de l'âme c'est le souvenir, » a dit Georges Sand; ainsi, quelles pensées délicates dans le peu de vers que je viens de reproduire; quelle nature sensible ne révèlent-ils pas à notre esprit! Qui faut-il admirer le plus? la femme ou l'artiste? S'étant révélé en elle, comme j'ai déjà dit, un talent que personne n'avait remarqué jusqu'alors, dont elle-même ne se doutait pas le moins du monde, elle s'était entièrement consacrée à l'étude malgré son jeune âge. Ses journées se passaient entre les soins pieux pour soulager la vieillesse de son père, et entre ses études. Elle lisait beaucoup et avec une force de conception vraiment exceptionnelle, qui ne pouvait être, d'ailleurs, que le produit d'une nature déjà très complexe. Le désir d'apprendre d'abord, ensuite le besoin de charmer les instants de sa solitude et d'oublier ses peines, l'avaient poussée et l'obligèrent à suivre le chemin par lequel elle s'était mise. Ainsi se forma l'écrivain.

Le poète n'avait qu'à attendre une occasion pour se révéler; les objets extérieurs avaient déjà accompli leur tâche et commencé à impressionner son imagination dès le moment où elle ouvrit les yeux à la lumière. La nature poursuivit ensuite son œuvre.

Son intelligence se développa admirablement au premier essai qu'elle en fit; son cœur éprouva le besoin de s'épancher dans des vers qui résumèrent à la fois toutes ses espérances et ses déceptions, et elle se trouva poète, poète sans s'en apercevoir, sans le savoir même.

Son premier amour fut celui de la nature, « un amour qui ne trompe jamais. » Que de fois elle restait rêveuse à écouter le bruit d'un frais ruisseau, la mélodie d'un rossignol ou le frisson des feuilles secouées par la brise matinale; que de fois elle contemplait les horizons mouvants de la mer et la profondeur sans limites du ciel, se confondant en un même infini; ou, tournant le regard sur les vertes collines, elle tombait en extase devant toute cette harmonie de couleurs, cette puissante symphonie à laquelle concourent tous les êtres de la création et qui se constitue de sons épars, mais toujours concordants, depuis le cri perçant de l'aigle et des vautours jusqu'au bourdonnement de l'insecte. Toute cette musique lui parlait un langage mystique que l'artiste seul peut comprendre et révéler ensuite. L'art parle à l'esprit, la nature va droit au cœur.

Quoi de plus imposant que ce silence profond se perdant dans la vaste étendue de la plaine, ou le bruit sourd et terrible des vagues agitées ? Quel est l'orchestre qui peut nous donner une idée de cette harmonie et produire des effets toujours si nouveaux et si admirables ? Le parfum d'une fleur peut nous enivrer de bonheur ; nous restons parfois charmés dans nos promenades par la voix d'une humble pastourelle, voix aiguë qui retentit dans la solitude imposante des montagnes. Voilà l'amour qui a ramené parfois la paix et le bonheur dans ce cœur de poète, mais qui ne put suffire à remplir son existence.

Privée de la seule affection qui occupât son cœur, à l'âge où l'on éprouve le plus grand besoin d'aimer et surtout de se sentir aimée, elle demandait en vain à la poésie un baume à cette solitude et à cette tristesse morne qu'elle portait en soi et dont elle se sentait mourir.

Ce bonheur intime, le bonheur du foyer, lui

étant ôté, l'étude même ne servait que faiblement à remplir, dans son existence, ce vide qui lui désespérait le cœur et désenchantait l'esprit. Ni les applaudissements, ni les couronnes, ne purent jamais lui donner cette félicité qui formait son aspiration, et qui n'existe qu'au sein de la famille ; car, avant d'être poète, elle était femme, et elle aimait en artiste avec tout ce que l'art peut inspirer de plus doux et de plus pur. Tous ces honneurs ne servaient qu'à lui faire sentir d'autant plus sa solitude.

Elle le dit elle-même :

Non, tous vos dons n'ont rien qui séduise mon âme ;
Et que m'importe, à moi, le luxe et la splendeur ?
J'ai placé bien plus haut ma dignité de femme :
Gardez tous vos plaisirs, moi je veux le bonheur.

Et ailleurs :

Si j'aimais, je le sens, la sombre jalousie
Egarerait mon cœur, brûlerait ma raison,
Et son ardente frénésie,
Sur mes jours doux et purs, verserait son poison.

. . . .

Si j'aimais, si j'aimais! ces trésors de tendresse,
Vagues parfums de l'âme, enfouis dans mon cœur,
Blanches perles, que ma jeunesse
Cache à tous les regards d'un air froid et moqueur,

S'élanceraient ainsi que la source captive,
Que l'éclair dans la nue et que l'aigle au soleil.
Comme l'onde à la rive,
L'âme tend à l'amour, dont elle attend l'éveil.

Mais, malheureusement, son cœur ne trouva pas non plus une âme sensible qui comprît les affections tendres et passionnées qu'il renfermait; n'ayant été épouse, elle ne put réaliser ce charmant poème du cœur, l'amour dans le mariage, qui, au dire de Mme de Staël, est plus beau que la gloire; et n'ayant pas été mère, elle n'éprouva jamais les joies de la maternité. Comment aurait-elle cherché à apaiser les passions de son cœur, elle, qui ne pouvait le soir déposer un baiser sur la lèvre amoureuse d'un bel enfant, le plus cher objet où sa chaste pensée aurait aimé à se reposer. Elle, qui ne voulait vivre que pour aimer, se sentait manquer ce premier et, en même temps, impérieux bien de l'existence. Et par instants le dégoût de la vie la faisait éclater en des exclamations fières et irritées, et ses vers expriment le dédain et la haine, comme dans les strophes suivantes :

Le désert !... le désert ! dans son immensité !...
Le désert, le désert profond et solitaire,
Avec sa voix sauvage et son âpre beauté,
Son simoun dévorant et ses coups de tonnerre.....

. . . .

Le désert !..... le désert ! le bruit des éléments
Est le seul qui répond au bruit sourd de mon âme;
La nature en fureur est semblable aux tourments,
Flux et reflux du cœur, dont j'étouffe la flamme.

Oh ! j'ai besoin d'aller respirer largement !.....
Aiglon longtemps captif, de déployer mes ailes,
De secouer enfin mon lourd abattement,
Et d'essayer mon vol aux voûtes éternelles !

Le désert !..... le désert dans son immensité !
Pour m'enivrer d'amour, de soleil, de lumière !
Le désert ! le désert avec sa liberté !
Le désert pour mourir indépendante et fière.....

Puis à ces cris de l'âme désespérée succède, parfois, une sorte d'accablement, suite inévitable d'une surexcitation nerveuse ; et alors, humble et affligée, elle veut excuser le délire qui s'est emparé de son imagination, se faire pardonner son désespoir, et elle nous dit :

Hélas ! la solitude a des heures amères ;
Lorsque le bruit du jour cesse dans la maison,
Le désir mord mon cœur, et d'étranges chimères,
Parfois, viennent troubler mon austère raison.

Alors mon être souffre et j'aspire le monde,
Et j'y voudrais trouver ma place et mon emploi ;
Je dis *non* à la vie, à la verdure, à l'onde,
Et je me plains à Dieu, sans savoir le pourquoi !

Et l'éclat du soleil me blesse et m'importune,
Et je voudrais un ciel aussi triste que moi ;
Le désert a des fleurs, et la nuit la plus brune
A toujours une étoile, ô Dieu, mise par toi ;

Et moi seule, ici-bas, je marche entre deux tombes;
Et sur l'aride voie où j'avance à pas lents,
Comme le blanc duvet qu'on arrache aux colombes,
Je laisse, tous sanglants, les débris de mon cœur.

Peut-on donner une idée plus juste de son caractère que par les quelques vers que je viens de reproduire? Ne nous a-t-elle pas exquissé en vraie artiste, par deux traits de sa plume, un portrait admirable où se résument à la fois ses aspirations, son désenchantement et sa tristesse?

S'étant entièrement adonnée à la poésie elle lui confia toutes les peines, les souffrances dont elle vivait. La douleur c'est la vie, et l'amour même, qui est l' unique but de notre existence, ne pousse de profondes racines que dans les cœurs frappés par le malheur et qui sont sensibles aux misères d'autrui. L'un et l'autre nous viennent de Dieu: l'amour nous fait supporter le malheur, celui-ci le fortifie; le sacrifice à son tour le nourrit, comme la rosée nourrit la fleur.

Dans sa naïveté d'enfant le monde s'était présenté à elle plein d'illusions et de chimères. Elle y fit son entrée le sourire dans l'âme et confiante pour l'avenir. A ses premiers débuts la gloire lui était apparue comme un rêve magnifique; elle tendit les bras à cette sirène enchanteresse, et éprouva le charme d'appuyer ses lèvres à sa bouche brûlante. Mais bientôt tout s'effaça comme de la neige au soleil. Elle la compare alors au fruit de Jéricho, que contient une éponge sous son écorce d'or. Une autre passion s'étant emparée de son cœur, le mobile de ses illusions changea. Nul étonnement donc si elle dut souffrir, en se trouvant seule et privée des plus douces consolations, qui l'auraient aidée à supporter le poids d'une vie qu'elle disait inutile.

Au milieu des fêtes son cœur ne demeure pas indifférent à la joie d'autrui. La vue de deux amoureux emportés par la valse dans le plus doux bonheur, la fait songer à ce charme universel qui de deux âmes en compose une seule. Assise dans un coin elle rêve, ses yeux se remplissent de larmes en les voyant glisser, à travers les piliers, la main dans la main; et elle, subjuguée d'un inexprimable émoi, se demande: Qu'est-ce que le bonheur? — Et tandis que personne ne songe à elle, elle avoue: « En voyant un heureux, je sens moins mes chagrins. » Qui peut contester la sensibilité de cette expression?

Son amour qui ne pouvait s'épancher autrement que dans des vers, prit une forme nouvelle. L'amour de l'humanité; il a aussi concouru à combler cette lacune dans sa nature si puissante et si riche d'enthousiasme. La misère de son semblable l'attriste, sa pitié lui inspire des vers par lesquels elle adresse une prière aux riches de protéger la vertu. La vue d'un orphelin ou d'un mendiant, qui, la mort dans l'âme et une larme dans les yeux, jette aux passants ce cri désespéré ; « J'ai froid, j'ai faim, » la trouble ; elle exprime un vif dédain pour ces heureux qui, n'ayant jamais éprouvé les tourments de la misère, ne comprennent pas comment on peut pleurer de faim et de froid. Elle voudrait bien alléger les peines des pauvres, faire briller l'espoir sur l'espèce humaine ; elle voudrait prendre sous son aile chaque orphelin, et empêcher que cette âme si innocente et si pure soit souillée par le vice. Mais elle-même est pauvre, et voilà sa peine ; elle souhaite que la misère soit bannie en rendant la vertu féconde.

Malheureusement, la vertu succombe. Dans une de ses poésies, elle nous raconte l'histoire d'une pauvre jeune fille, à qui elle s'est particulièrement intéressée.

C'était aux brumeux soirs de l'hiver, quand la neige tombait partout et le gaz éclairait de sa lumière blafarde la rue déserte, dont la solitude n'était troublée que par quelque passant qui, saisi par le froid, hâtait le pas et disparaissait comme un fantôme. De sa fenêtre elle apercevait une pauvre enfant, penchée à son métier. Tout en chantant, elle achevait son labeur journalier, et, par la force que lui donnait sa jeunesse, elle cherchait à combattre la faim, et paraissait heureuse. Quelquefois même les premiers rayons du soleil la retrouvaient encore debout.

Un jour, hélas! la pauvre fille manqua de pain. Elle alla longtemps de porte en porte demander de l'ouvrage. Nul n'en avait pour cette malheureuse enfant. De longs jours s'écoulèrent ainsi où elle, tremblante et désolée, se vit, par le besoin, livrée à un atroce combat. Mais enfin étendue sur sa paille, seule, privée d'argent et de secours, égarée par la fièvre, elle invoqua la mort, dernier espoir de l'indigent. Et alors:

On l'entendit. — Le soir, dans un hideux fiacre
On la jeta mourante; au fond d'un hôpital,
On porta cette enfant blonde à la peau de nacre,
Vivant à l'ombre ainsi qu'un beau lis virginal.

Ainsi la peint le poète, et il ajoute:

Que va-t-elle devenir? Qui s'occupera de sa vertu, qui saura la garantir contre l'abomination du vice? « Je ne la revis plus; mais un jour, au jardin, mes yeux furent attirés par l'éclat d'une beauté provocante et froide, qui du haut de sa voiture, mollement appuyée à de riches coussins, jetait sur la foule un regard arrogant de dédain. »

Quelle est, dis-je, là-bas, cette femme si belle?
Oh! me répondit-on, ne la regardez pas.
Et moi je m'écriais: — Pauvre Jeanne, c'est-elle!
L'ange jadis si pur, précipité si bas!

Et je baissais les yeux, morne, désespérée.
Oh! fis-je, la vertu meurt de faim au grenier;
Le vice triomphant, d'une main assurée,
Prend cette fleur du ciel et la jette au fumier.

Vous pouviez empêcher, riches, ces infamies
En venant au secours du pauvre combattu;
Pour sauver le malheur, tendez vos mains amies,
Frères, ne laissez pas submerger la vertu.

Elle élève d'abord un cri d'exécration à l'égoïsme de l'homme qui méprise l'enfant obligé à mendier, quand un faible effort suffirait pour l'arracher au vice. Puis une prière sort de sa bouche : « Par l'amour de Dieu, au nom de l'humanité, sauvez le malheur ! »

La prière caractérise la faiblesse de la femme. Ce point a été souvent discuté. Elle se sent impuissante à la lutte, accablée à la vue des maux qui l'entourent, elle dirige sa prière à Dieu et dit : « Donnez, donnez aux pauvres ! afin que Dieu ne veuille pas permettre que vos enfants un jour pleurent ainsi ! »

C'est une obligation du chrétien et du philosophe de concourir à soulager les souffrances que la misère répand, et de s'opposer énergiquement à ses tristes conquêtes. Cette âme chrétienne a rempli son devoir.

Ce qui a le plus éveillé le mépris et la haine dans son cœur, ce sont ces hommes dégénérés, ces riches lâches et pervers, qui calculent le malheur et achètent une âme en échange du pain.

Elle veut, dans ses vers, les frapper d'ignominie. Aucune infamie n'est comparable à la leur ; ils ont mérité la colère du Créateur, ils ne sont pas dignes de la société des hommes.

Pourtant sa pensée s'élève vers Dieu, le prie

de faire descendre sa grâce sur eux, « parce qu'ils sont tes enfants. »

Dès le premier âge elle avait entrevu le but de son existence : elle avait compris que les passions qui dominent le cœur humain, ne sont que le fruit de l'égoïsme. Après de douloureuses expériences elle en était venue à cette conception : « On n'est pas heureux pour soi-même, mais par les autres. »

Consacrer ses actions et ses pensées aux personnes que nous aimons, vouer sa vie au soulagement de la souffrance : « Voilà le véritable bonheur, au point de vue de la philosophie chrétienne ou de la pensée humanitaire. »

« A la vue d'un heureux, je sens moins mes chagrins. » Phrase résumant toute cette conception ; on voit combien de sensibilité et de bonté se cachent dans sa nature troublée par le tumulte des passions. Alors un autre sentiment surgit et vient donner un peu de tranquillité à son esprit.

Une vertu qui donne du poids à l'ordre universel, qui empêche la lutte contre la liberté individuelle : la résignation. Il est une époque dans la vie de l'homme, où toutes les illusions s'effacent, l'existence prend une forme plus positive, on rêve un bonheur plus pur et durable, que les joies du monde sont impuissantes à nous procurer, et qu'on ne retrouve que dans l'intimité de la famille.

Cette époque peut être plus ou moins lointaine, d'après les circonstances qui la précèdent. Lorsque toutes ses illusions se furent évanouies, que le bonheur si longtemps rêvé ne vint nullement prendre leur place, il en résulta un accablement moral contre lequel l'esprit du poète lutta en vain.

Sa pensée se reporta à Dieu : « Lui seul pouvait la consoler, l'aider à poursuivre sa tâche dans l'espoir que tout finirait, en lui promettant une vie éternelle, où son âme retrouverait la paix. »

Nous avons parlé de sa conception de l'amour, des diverses formes qu'il prit dans sa pensée ; or, avant de poursuivre mon analyse, je voudrais répondre à une question, qui, peut-être, a excité la curiosité des lecteurs. J'avoue même qu'elle a déjà excité la mienne.

Etait-elle jolie ? Je comprends toute la futilité de cette demande. Qu'est-ce que cela fait au poète ? Et l'on aurait raison, si cela ne se rattachait pas au caractère de la femme, et même à des sentiments qu'elle nous manifeste et dont nous allons nous occuper.

Malheureusement, je n'ai jamais vu aucun portrait d'elle, et n'ayant pour but que de révéler tout simplement l'impression que j'ai reçue à la lecture de ses œuvres, je ne me suis pas préoccupé de cela. Mais comme je me vois engagé dans cette affaire, je tâcherai de m'en tirer. Avant tout, j'ai mal dit. Je tiens sous les yeux une petite gravure qui, malgré les défauts qu'elle peut contenir, m'aidera toujours assez bien.

Elle porte la date de l'an 1860, c'est-à-dire le dernier de la vie du poète; mais à sa figure je puis affirmer qu'elle fut probablement tirée d'une photographie, ou d'après quelque tableau de famille, qui n'appartient pas à cette époque. Qu'on se représente une femme dont la jeunesse vient de passer et qui se trouve dans toute la vigueur de ses forces physiques. De grands yeux noirs, où se reflète un air d'intelligence et de bonté, le front ample, le nez et la bouche très réguliers; des cheveux très abondants, qui retombent en tire-bouchon sur ses épaules un peu dénudées.

Un mélancolique sourire est répandu sur

toute sa physionomie. Un livre à la main, les yeux levés au ciel, elle semble attendre l'inspiration de quelque chant qui charme sa mémoire. Apparemment, je ne la jugerai pas une belle femme; mais rien ne me fait croire qu'elle fût dépourvue d'attraits.

Au contraire, elle était reçue avec distinction dans la société du temps; on admirait ses talents, on l'aimait pour son caractère et on recherchait son amitié. D'après ce peu de détails, je ne conçois pas comment personne n'ait songé à elle, et ne lui ait jamais adressé une parole d'amour. Peut-être parce qu'elle était pauvre! Ce manque d'affection a chagriné toute sa vie, rempli son cœur de troubles et exalté son imagination. Et, en vérité, je ne dirai pas que ses expressions soient toujours au juste.

La solitude l'accablait.

Lorsque le soir, rentrée dans sa chambre, où nul bruit n'arrivait, elle tombait en rêverie; elle semblait encore entendre indistinctement le brouhaha du salon qu'elle venait de quitter; sa fantaisie excitée lui dictait des vers, qui sont l'impression momentanée des passions qui l'agitaient. Remarquez bien la parole: momentanée. Parfois elle est nerveuse et irritée, et sa plume retrace ses émotions, son désespoir ; ou bien, son caractère pieux lui suggère une prière par laquelle elle confie ses peines à Dieu et se résigne à son sort.

Si la prière caractérise la faiblesse de la femme, l'exaltation dans les sentiments en caractérise l'esprit.

Les sentiments que nous venons de passer en revue ne sont pas un fait isolé, mais ils sont propres à sa nature. Dans les mêmes circonstances et à un certain âge, presque toutes en sont atteintes. Chacune d'elles cache au fond de son imagination un idéal auquel elle tient. Être réel, et parfois même imaginaire, il vient en occuper l'esprit dans l'attente de s'incarner pour en occuper le cœur. Mais dans la nature du poète cela ne se rencontre jamais. Voilà une circonstance digne d'être relevée. Dans ses œuvres je n'ai jamais trouvé une phrase, un mot qu'y fît allusion.

Si elle avait aimé, elle aurait voulu donner toute son âme à cet amour, vivre pour lui, exister en lui seul, oubliant le monde; mais elle ne parle pas de cet être chéri. Et, cependant, voyez quelles nobles pensées renferme cette phrase.

Le véritable amour n'est pas une chose vulgaire: c'est la plus haute idéalisation de la pensée de l'homme. Tout le monde en parle; mais il ne vit que dans des âmes privilégiées. Il ne faut que consulter l'histoire pour savoir toute la vérité de cet axiome. Combien de femmes seraient-elles capables de comprendre l'amour selon la profession de notre poète? On n'aime pas le corps pour la forme, l'apparence; mais pour l'âme qu'il renferme; elle seule se retrouvera, comme a dit Victor Hugo. Or l'âme se révèle par les sentiments; pour ses sentiments mêmes n'était-elle pas digne d'être aimée?

III.

Après quelques années, exclusivement consacrées à l'étude, elle débuta dans la vie littéraire par un ouvrage qui fut très favorablement accueilli du public. C'est un essai poétique intitulé : « *Les Sylphides*, chant d'une jeune fille » (1 vol. in-8°, publié à Nice en 1838 par Suchet fils) et précédé d'une épître dédicatoire à Sa Majesté le Roi Charles-Albert. Ces vers lui sont adressés comme témoignage d'estime et de reconnaissance, pour la protection qu'il avait daigné accorder au jeune auteur.

Dans ce recueil est insérée la romance dont

nous avons déjà parlé : *Le vieux soldat*, qui eût une si grande influence sur sa vie. Elle a soin de nous avertir de l'époque de cette composition et demande pardon de sa témérité en la publiant. « J'ai conservé cette romance, dit-elle, consacrée pour moi par un touchant et pieux souvenir : puis-je oublier qu'elle charma les derniers jours de mon père ! »

Quant à moi je l'ai jugée très digne de rester à la place qu'on lui a destinée, parmi les autres poésies, dont quelques-unes sont vraiment charmantes. Pour confirmer la valeur de mon jugement sur le mérite de cette pièce, je ne puis m'empêcher d'insérer ici une strophe d'une ode, que M. Janvis de Grasse (Var), littérateur distingué, se hâta d'adresser à la jeune muse.

« Quand le pauvre soldat, vieilli dans les batailles,
Réclame deux deniers pour soutenir ses jours,
Pour ce vivant débris de tant de funérailles,
Quand votre voix touchante implore des secours,

J'ai cru voir Bélisaire aux pieds d'une Antigone,
Essuyer doucement ses pleurs ;
Tandis que la beauté va tendant à l'aumône
Un vieux casque chargé de gloire et de malheurs. »

Pendant tout le cours de l'ouvrage un suave parfum de jeunesse s'exhale de ces poésies, ainsi qu'une admirable fraîcheur d'idées, où l'on reconnaît son cœur de jeune fille ; un noble enthousiasme pour tout ce qui est beau et généreux. Rien encore du sentimentalisme débordant, qui a plus tard occupé la femme. Après la mort de Charles-Félix, la reine veuve, Marie-Christine, voulant rendre hommage à la mémoire de son époux, chargea notre auteur de composer un poème en son honneur, dont elle-même désigna le sujet et titre: *Haute-Combe*, c'est-à-dire l'église annexée à l'abbaye de cet endroit, sur le lac de Bourget en Savoie, au pied du mont dit du Chat. Là, on donna sépulture à nos souverains jusqu'à Victor-Amédée II, qui fit bâtir la basilique de Superga.

A la fin du siècle passé, quand la fureur de la populace française n'eut plus de respect même pour la tombe et brisa sous ses pieds les pierres sépulcrales de St-Denis, l'église de Haute-Combe fut détruite ; mais les ossements des Princes de Savoie échappèrent miraculeusement à la profanation de leurs tombeaux. En 1824 le roi, s'étant rendu visiter les eaux d'Aix, descendit sur le bord du lac, et là il aperçut de loin les ruines de Haute-Combe, la pieuse retraite de moines solitaires, le berceau de pontifes et de saints, la sépulture de ses ancêtres, souillée par la main de la révolution : soudain, il conçut le généreux dessein de rebâtir l'église et renouveler sur les ossements de ses aïeux les religieuses expiations, et de leur faire élever de nouvelles tombes. Les travaux furent bientôt commencés et l'église put être consacrée le 4 août 1826, jour où le roi Charles-Félix, accompagné de la reine, de toute la cour, des chevaliers de l'Annunziata, vint assister à son inauguration solennelle. Celui-ci même fut le lieu que le roi choisit pour son repos.

Voilà à peu près l'histoire de l'abbaye et le sujet à traiter. Mais, comme on voit, cela ne forme pas un véritable sujet, et la tâche n'était pas facile. Néanmoins l'ouvrage parut en 1844, publié avec luxe, illustré et tiré à très peu d'exemplaires pour la bibliothèque royale de Turin. On peut moins le considérer comme un poème, que comme une rêverie vague et mélancolique, où elle s'inspirait d'émotions et de souvenirs historiques, puisés dans les glorieuses annales de la patrie. C'est sous l'inspiration de ces deux sentiments sacrés qu'elle l'a écrit.

« Un poème exigerait une action que le sujet que j'ai traité ne pouvait admettre. Aucun fait mémorable ne se rattachant à l'histoire de Haute-Combe, mais son antique origine se confondant avec celle de la Maison Royale de Savoie, les tombes de ces premiers Princes qu'elle renferme, sa dévastation pendant le règne de la terreur, sa restauration commencée par Charles-Félix et dignement achevée par son Auguste Veuve, tout a fait de cette Abbaye un monument national, auquel s'identifient les souvenirs historiques et religieux; sous ce point de vue mon ouvrage avait un but utile: celui de populariser par les formes de la poésie les fastes glorieux de la Maison de Savoie. »

Le poème est divisé en dix chants. L'esprit du poète est emporté par une étrange vision: ses premiers vers s'élèvent pour un hymne à notre patrie, le berceau des beaux arts qui l'enveloppent « d'un long reflet de gloire. » Elle se met à parler de l'architecture comme d'une des plus importantes pour l'histoire. Les ruines des monuments anciens restent debout à narrer les vicissitudes des peuples qui les ont semés. Les débris des arcades de Memphis, les restes du Parthénon et du Capitole portent, sur leurs frontons, le souvenir d'une gloire passée. Ainsi nos églises, Saint-Pierre, Saint-Marc, Notre-Dame, Saint-Paul, etc... dévoileront chez nos neveux notre génie et attesteront notre grandeur. Sur nos bords il y a un monastère « chef d'œuvre gothique » qui par ses sombres arceaux nous parle encore de nos anciens fastes, de la valeur et de la gloire de nos aïeux.

Le poète, ému par ces souvenirs, adresse une prière à la muse et commence à chanter :

O muse des chrétiens, jeune ange aux blanches ailes,
Viens, descends à ma voix des voûtes éternelles;
Guide mes pas errants vers ces bords enchantés,
Qu'un songe offrit parfois à mes sens agités.
Déjà, je crois errer sur ces augustes dalles,
Où reposent en paix tant de cendres royales !
Haute-Combe a reçu mes pas retentissants,
Mes pleurs ont éveillé les échos gémissants.
Il est nuit .... sur l'autel une faible lumière
Semble des malheureux accueillir la prière;
Comme un dernier espoir qui caresse le cœur,
Elle remplit la nef de sa pâle lueur;
A ces rayons douteux, je m'arrête pensive,
Et des chants ont frémi sur ma lyre craintive.

Puis, s'inspirant à une tradition populaire, aussi touchante que poétique, elle éveille tous les morts qui reposent à Haute-Combe et nous fait assister à une sorte de danse macabre, où chaque guerrier qui passe fait le récit des exploits qui ont illustré sa vie. Mais où l'inspiration du poète à été très heureuse, c'est en introduisant ici les ombres des femmes de ces Princes; elle voit un « essaim de beautés virginales » s'avancer lentement et venir consoler ces débris de héros. Une seule se tient à l'écart et intéresse particulièrement sa curiosité: Béatrix de Genève, première femme du Comte Thomas I. Le souvenir de son amour touchant et malheureux occupe une des plus belles pages du poème (1). Ceci forme le sujet d'un chant qui est intitulé les *Ombres*, et qui est très riche de détails historiques. Les chants suivants sont tous occupés au récit de l'inauguration de la nouvelle Basilique, de la mort et de la sépulture de son restaurateur Charles-Félix.

En hommage à la vérité, je dirai que je considère cet ouvrage (le plus important au point de vue de son volume) comme l'un des moins

---

(1) Voir à page 63.

réussis. Le manque d'un sujet principal, auquel se rattachent toutes les idées, forme le premier et le plus grand défaut, qui ne doit pas néanmoins être attribué au poète, forcé à suivre une route indiquée. A cause de cela même, comme j'ai dit, l'ouvrage présentait une grande difficulté de composition. La simplicité dans la conduite, si nécessaire pourtant, n'était pas possible ; il fallait s'attacher à tout pour en avoir de l'inspiration. Pouvait-on la chercher ailleurs que dans les annales de la patrie ?

Mais, d'autre part, fallait-il absolument les répandre à pleines mains, au fur et à mesure qu'ils se présentaient à l'esprit du poète ? On dirait même qu'elle s'est principalement occupée à faire de l'histoire.

Tous les personnages qu'elle nous présente ne font que passer à l'état de fantômes ; pas un mot, un geste qui les caractérise. La figure principale, la seule essentielle , Charles-Félix, est bien blafarde; on ne peut relever son caractère, ou avoir une idée de ses vertus, tant agrandies par la poésie.

Et voilà un autre défaut assez grave ; la reconnaissance envers la reine, à qui elle devait beaucoup, l'a entraînée à un excès de flatterie, qui ne tombe que rarement à propos et vient souvent gâter un chant très bien commencé. Voyez par exemple le chœur final : il aurait admirablement servi de clôture s'il n'était pas retombé dans d'éternels éloges. L'idée d'entremêler à ses longs récits quelques faits légendaires fut très heureuse : comme j'ai dit, l'évocation des ombres de Haute-Combe donne un peu de variété et on peut la considérer comme une véritable trouvaille. Mais je trouve un autre chant intitulé « *Superga*, » dans lequel elle introduit un ange réveillant les héros qui reposent dans la paix profonde de cette Basilique, pour les inviter à venir pleurer autour du lit funèbre. Je crois qu'ils auraient pu rester dans leurs tombeaux sans nuire nullement à la variété de cette composition. Cela prouve l'effort d'embrasser beaucoup de matière pour mieux remplir sa tâche, et de là une certaine préoccupation de traîner en longueur. En outre, elle introduit trop souvent des prières et s'arrête à une description trop minutieuse, non favorable à l'ouvrage. Or, je comprends que, suivant mon système, le poème en serait fort réduit ; mais est-ce que cela constituerait un défaut ?

D'abord son esprit ne se prêtait pas à une

longue réflexion ; les poésies, dans lesquelles elle a simplement retracé ses impressions, sont les meilleures ; tout ce qui exige un effort d'imagination ne se tient plus à la même hauteur.

Trois fois elle concourut pour le prix proposé par l'Académie de Béziers, et trois fois elle sortit victorieuse de la lutte. Le 13 mai 1847 elle présenta son gentil poème lyrique en trois parties intitulé : *Ange et Minla.* Cette petite pièce, d'une simplicité très remarquable, forme un joli contraste avec la précédente. Elle y a voulu peindre à travers une légère allégorie « l'état d'une âme, que la contemplation de l'idéal a dégoûtée de la réalité ; et qui use à poursuivre son rêve, les forces que Dieu lui avait départies pour utiliser sa mission ici-bas » (1). Pour cette pièce la Société Archéologique de Béziers lui décerna une couronne en argent, ainsi que pour le poème : *Le festin de Balthazar.*

La vie de Mlle de Sassernò est toute résumée dans le titre qu'elle donna à son petit trésor poétique : « *Ore meste.* Chants sur l'Italie ; » poésies intimes et religieuses, imprimées à

(1) Voir à page 69.

Turin en 1846: ***Prendi quest'arpa: soffri, prega e canta.***

« Ce volume est un baume pour les âmes tristes et ardentes; c'est un des livres, auxquels le cœur a recours quand il a besoin de soulagement et dont la lecture a pour effet de consoler et de rendre l'espérance. »

Un volume est consacré à la fantaisie et retrace avec vérité les misères du cœur humain; l'autre est consacré à la patrie, car l'amour de la patrie fut toujours l'idole de son cœur.

« Pour quelques-uns ces chants ne seront plus que de l'histoire; pour d'autres, une espérance; pour tous un souvenir glorieux. L'auteur a consigné dans ces pages les émotions qui nous agitaient à cette époque si grande pour l'Italie: c'est un écho lointain qui nous renvoie nos chants, nos joies et nos douleurs.

« Ce recueil est formé par une série de poésies lyriques, depuis les glorieuses réformes accordées par Charles-Albert, jusqu'aux funérailles de ce Prince; c'est une larme pour tous nos malheurs et une fleur pour toutes nos gloires. »

Aux approches de l'an 48, son esprit entra dans une nouvelle phase; les souvenirs des récits qui l'avaient tant intéressée dans son enfance, se transformèrent en enthousiasme pour notre grande épopée. Elle enviait le sort de ceux qui versaient le sang pour une cause si sainte.

Il est beau de mourir sur les champs de bataille,
Au bruit des cris plaintifs de l'ennemi vaincu ;
De tomber triomphant sous l'ardente mitraille ;
Mourir ainsi, Seigneur, oh ! c'est avoir vécu.

Après le combat de Rivoli, dirigeant sa pensée à ceux qui étaient tombés dans cette glorieuse journée, elle leur dit :

Paix et gloire à vos noms, ô héros ! la patrie
A gravé sur l'airain vos immortels exploits.
Un jour, à vos neveux, d'une voix attendrie,
Instruisant leur jeunesse aux récits d'autrefois,
Nous dirons : c'est ici que repose leur cendre.

Si son état de femme ne lui a pas permis de prendre une part active aux événements qui s'agitaient alors, elle a néanmoins laissé un pieux souvenir, dans ses vers, de cette époque qu'elle a contribué à illustrer. Son caractère noble et élevé lui imposant des devoirs, elle les accomplit scrupuleusement. Le premier et le plus saint de ces devoirs était pour elle celui d'être citoyen ; le poète qui avait chanté les héroïques exploits de Catherine Ségurana, chanta aussi l'admirable dévouement d'Annita Garibaldi.

Cette femme, qui a excité l'admiration des deux mondes, souleva son enthousiasme; elle lui consacra une page charmante dans un de ses chants intitulé : *Les Martyrs*, où elle l'a placée à côté de Mameli et d'Ugo Bassi (1). Mais, hélas! les temps n'étaient pas encore mûrs; l'astre d'Italie s'obscurcit après tant d'espérances conçues, la bataille de Novare vint paraliser tous les efforts et les sacrifices qu'on avait faits jusqu'alors. L'abdication de Charles-Albert, son exil, sa mort, ont fourni le sujet à ses dernières poésies; et elle, découragée, acheva son livre par ces vers pleins de tristesse et de mélancolie :

Ainsi j'ai, tour à tour, sur ma lyre agitée,
Exprimé nos espoirs, nos gloires et nos pleurs ;
Et la plainte que j'ai jetée
Était l'écho de nos malheurs...

---

(1) Voir à page 83.

. . . .

O douleur ! ô douleur ! Italie ! ô ma mère !
Quoi ! n'aurons-nous que des pleurs à t'offrir ?
Non, lève tes beaux yeux, vois le Piémont... espère...
Reine, relève-toi ; tu ne peux pas mourir.

Son style rappelle ce que dit des femmes un des grands écrivains de la France, La Bruyère : « Elle trouvent sous leurs plumes des tours et des expressions qui, souvent, en nous, ne sont l'effet que d'un long travail et d'une pénible recherche. Elles sont heureuses dans le choix des termes qu'elles placent si juste, que, tout connus qu'ils sont, ils ont le charme de la nouveauté et semblent être faits pour l'usage où elles les mettent. Il n'appartient qu'à elles de faire lire en un seul mot tous nos sentiments, et de rendre délicatement une pensée qui est délicate. Elles ont un enchaînement de discours inimitable, qui se suit naturellement, et qui n'est lié que par le sens. »

Quoique habituée à parler et à écrire en français, Mlle Sasserno se regardait comme italienne ; elle ne manque pas de nous l'affirmer dès que l'occasion s'en présente ; comme, par exemple, dans les vers suivants :

Ne m'en accusez point, car dans mon âme ardente,
Je sens avec orgueil un sang italien,
Quoique j'essaye en vain le langage du Dante,
Hélas! qui ne fut pas le mien!

En outre elle fit imprimer à Paris, bibliothèque Charpentier, avec une préface très flatteuse de Mr de Sainte-Beuve, un autre ouvrage intitulé : *Poésies françaises d'une Italienne* (1). Mais, ce qui prouve encore plus ses idées sur sa nationalité, ce sont les paroles suivantes qu'elle écrivait à une de ses plus intimes amies de Turin quelques jours avant sa mort :

« Occupe-toi sans retard de ma nationalité, chère Olympia, je tiens beaucoup à mourir Italienne. »

Hélas ! Elle n'eut pas le temps de recevoir la réponse; le 6 juin 1860, après une longue et douloureuse maladie de langueur et d'abattement, elle reporta à Dieu son cœur vierge et pur.

(1) Voir à page 89.

NOTES

NOTE PREMIÈRE

HAUTE-COMBE

POÈME LYRIQUE

LES OMBRES.

CHANT TROISIÈME.

. . . . Mais vers quels bords s'envole Béatrix ?
Elle entendit la voix du héros qu'elle adore,
Elle appelle, revient, écoute, appelle encore,
Va de la plaine aux monts, retourne aux bords des flots,
Et toujours elle croit entendre des sanglots ;
N'a-t-elle pas saisi dans les brises errantes
Le dernier souffle ami de deux lèvres mourantes ?
Oh ! c'est lui ! c'est Thomas, et son sein frémissant,
Qu'agite cette voix, se trouble à cet accent :
Elle fuit et revient, va du lac à la plage,

Suit des sentiers neigeux l'escarpement sauvage,
Ainsi qu'un alcyon qui rase un noir écueil
Elle erre en gémissant sur cette rive en deuil;
Puis, tout-à-coup, aux vents livrant sa douce plainte,
En proie au noir chagrin dont son âme est atteinte,
Comme un léger soupir qui trouble les échos,
Sa voix ainsi s'exhale à travers ses sanglots:

. . . .

. . . .

. . . .

. . . .

. . . .

. . . .

. . . .

. . . .

. . . .

. . . .

. . . .

« Reviens, c'est moi, moi qui t'appelle!
« Ne reconnais-tu plus ma voix?
« Ma plainte amoureuse et fidèle
« Meurt ainsi qu'un chant dans les bois;
« J'appelle, j'écoute et je pleure;
« Hélas! tu ne me réponds pas.
« La brise qui passe et m'effleure
« Me semble le bruit de tes pas.

« Mais il vient, je le vois, c' est lui ! de ma paupière,
« Vite, essuyons les pleurs; qu'un sourire oublié
« Revienne m'embellir pour que je lui sois chère,
« Et qu'il m'aime d'amour et non pas de pitié.

« Mais il s'avance, il glisse, il passe;
« Je viens d'entendre ses sanglots;
« Du lac il touche la surface,
« Comme un cygne il rase les flots.
« C'est lui! lui! qui m'a tant aimée!
« Je le vois qui me tend les bras!
« Il me semble qu'il m'a nommée.....
« Ce ne peut être que Thomas!

« Car son regard vers moi s'est levé doux et tendre,
« Mon cœur le reconnait et me crie : Il est là!
« Oh! dis-moi vite un mot que je puisse t'entendre.....
« Un seul, ah par pitié! qui dise : Me voilà!!

Et Béatrix vers lui s'élance palpitante.....
Mais déjà s'est enfui le prestige trompeur;
Toujours le vain espoir qui leurre son attente,
Passe et s'évanouit ainsi qu'une vapeur.

VIII.

Hélas, tandis qu'en vain, gémissante, elle appelle,
Thomas, que trompe aussi cette image infidèle,
Croit entendre à son tour une mourante voix
Qui le nomme en pleurant errante dans les bois :

Serait-ce Béatrix? Une forme adorée,
Dans le vague, lointain indécise, éplorée,
Se montre et puis s'enfuit, ce fantôme trompeur
Serait-ce Béatrix? Non, c'est une vapeur,
C'est une nuage blanc qui brille et s'évapore;
Il passe et disparait, revient et fuit encore;
Et Thomas abusé poursuit toujours, hélas!
Ce prestige enchanteur qui fuit devant ses pas.
Mais ce suave accord plein de mélancolie,
Imitant les soupirs des harpes d'Éolie,
Douce plainte d'amour, harmonieux sanglots,
Serait-ce Béatrix? Non, c'est le bruit des flots,
C'est le lac assoupi dont l'onde frémissante
Emprunte pour gémir une voix caressante;
Le vent court empreigné de suaves odeurs.
Serait-ce Beatrix? Oh non, ce sont les fleurs
Qui versent dans les airs les parfums de leurs urnes,
Odorantes moissons des zéphires nocturnes.
Mais le ciel a souri comme un regard d'amour.
Serait-ce Béatrix? Non, c'est déjà le jour,
Qui d'un éclat douteux lutte avec les ténèbres;
Déjà l'on n'entend plus ces craquements funèbres,
Que l'esprit de la nuit laisse fuir des tombeaux.
Les étoiles au ciel, ainsi que des flambeaux,
S'éteignent tout-à-coup, à peine un reflet pâle
Colore l'horizon d'une teinte d'opale;
Le lac calme soudain ses mugissantes eaux;
Tout redevient encor harmonie et repos,
Et les épais brouillards qui couvraient ces rivages,
Se fondant en vapeurs, s'ammassant en orages,

Emportent dans leur vol l'étrange vision
Que du soleil levant dissipe un chaud rayon ;
A l'éclat de ses feux déjà les mânes sombres
Palissant par dégrés s'effacent dans les ombres.
Le vent a balayé ces corps mystérieux,
Et comme une vapeur qui se perd dans les cieux,
Qui s'éclipse, s'éteint, se fond et s'évapore,
Ils se sont dissipés quand l'œil les cherche encore.

NOTE SECONDE

L'ANGE ET MINLA

POÈME LYRIQUE EN TROIS PARTIES

L'AMOUR, L'EXTASE, LA MORT

MYTHE.

Pièce qui a obtenu la couronne de laurier en argent, décernée par la Société archéologique de Bézier, le 13 mai 1847.

I.

L'Amour.

MINLA.

Esprit, qui donc es-tu ? Lorsqu'au déclin du jour
La terre, calme et recueillie,
Pâlit sous ton regard, et tressaille d'amour,
Pourquoi ce long soupir plein de mélancolie ?

J'entends venir la voix du fond de l'horizon;
Elle monte, elle monte encore,
Passe dans une fleur, frémit sur le gazon,
Ou pleure en m'appelant dans la vague sonore.

Esprit, qui donc es-tu ? Je sens battre mon sein
Quand va sonner l'heure où tu passes;
Tout le jour je t'attends, et j'erre sans dessein;
Des parfums de ton vol j'aspire au loin les traces.

Oh ! je voudrais te voir ! mais je t'entends venir,
Car l'espace est plein d'harmonie ;
Les vents en frissonnant semblent m'entretenir,
Les fleurs m'ont révélé ta pensée infinie !

Je comprends ces parfums, ces soupirs et ces bruits ;
La terre est une chaste lyre
Qui vibre sous tes doigts dans le calme des nuits,
Et me parle d'amour lorsque ton sein respire.

Esprit, qui donc es-tu ?..... Les pleurs mélodieux
Tombent sur la mousse argentée;
Le calice des fleurs, les étoiles des cieux
S'inclinent aux accents de ton âme attristée.

Esprit, qui donc es-tu ?..... Blanc alcyon des mers,
Pourquoi fuis-tu ma main craintive ?....
Ange, ou sylphe léger, frais papillon des airs,
Toi, qui pleures sur moi, viens à ma voix plaintive.

—

Et la terre frémit comme sous un baiser,
Lorsque, sur un beau lis, l'Ange vint se poser.

L'Ange.

Entends, entends mes pleurs, ô vierge immaculée!
Cachée dans une fleur, d'ici je t'aperçois;
J'ai fui de la voûte étoilée
Pour te voir un instant, pour entendre ta voix.

Oh! tends vers moi ta main!..... Mon haleine timide
Comme un souffle embaumé viendra la caresser;
Ne crains rien, ô fille candide,
Sur mon sein palpitant je ne puis te presser.

Je ne suis qu'un esprit, invisible, ineffable,
Messager du Très Haut, Ange aux ailes de feu,
Et qu'un destin irrévocable
Enchaîne loin de toi, près du trône de Dieu!

Depuis que je t'ai vue, une langueur étrange
Décolore mon front, ternit mon œil rêveur!
Mes frères me disent: « Pauvre ange,
« Qu'as-tu pour soupirer, toi, l'élu du Sauveur? »....

Ma lyre aux cordes d'or, muette et détendue,
Ne vibre plus aux chants de l'ardent séraphin,
Et souvent ma lèvre éperdue
Craint de mêler ton nom à l'hosanna sans fin.

. . . .

Oui, je voudrais pouvoir t'enlever sur mes ailes,
Et t'emporter, ma sœur, sur la cime des monts!
Comme deux jeunes hirondelles
Nous raserions le bord des abîmes profonds.

Nous franchirions les mers aux vagues agitées;
Les flots se courberaient sous nos pieds délicats;
Nos blanches robes argentées
A l'onde des torrents ne se mouilleraient pas.

Nous nous balancerions sur les branches des saules;
J'ornerais ton beau front de fleurs et de saphirs;
Epars sur tes chastes épaules,
Tes cheveux frémiraient aux baisers des zéphirs.

—

Et la voix dans les airs s'affaiblit, puis expire,
Comme le son plaintif qui s'enfuit d'une lyre.

MINLA.

Silence, flots bruyants!..... Silence, oiseau des bois!.....
Fraîches fleurs, à peine entr'ouvertes!.....
Lucioles du soir, taisez-vous à sa voix,
Et repliez votre aile au fond des herbes vertes!.....

Pervenches des buissons, doux zéphirs, clairs ruisseaux
Silence, par pitié, silence!.....
Brises, n'agitez plus la cime des roseaux!.....
Ramier, qui dans son nid mollement se balance,

Taisez-vous, taisez-vous..... ce souffle harmonieux
Est sa plainte mélancolique;
Goutte à goutte j'entends ses pleurs mélodieux
Tomber, pluie embaumée, au sein du lis pudique.

Oh! que la nuit est belle!..... un parfum enivrant
Dans le tiède espace circule;
La terre est enchantée, et l'air, plus transparent,
Se baigne des clartés du pâle crépuscule.

Ange, que me veux-tu?..... Ton ineffable voix
Se marie aux chants des étoiles;
A mes regards charmés laisse au moins une fois
Dissiper ces vapeurs qui te servent de voiles.

Oh! laisse-moi te voir!..... oui, dussé-je en mourir,
Descends de la voûte éthérée!.....
La terre est un désert où j'ai trop à souffrir!.....
Viens me donner la main pour fuir vers l'empyrée.

—

Et la vierge sentit qu'une invisible main
Vers les cieux étoilés lui frayait un chemin.

II.

L'Extase.

L'Ange.

O champs de l'air, si magnifiques!.....
Horizon vaste et lumineux!.....

Arcs-en-ciel, rayons prismatiques,
Vives clartés, masses de feux,
Immense océan de lumière,
Globes d'or, sublime poussière,
Parsemés dans l'immensité !.....
Astres, comètes vagabondes,
Myriades de jeunes mondes
Qui germez pour l'éternité !.....

Je franchis sous mon vol vos gouffres dans l'espace ;
La terre s'enfuit sous mes pas ;
Je touche le soleil, je le heurte, et je passe !

MINLA.

Quoi ?..... je marche dans l'air, et je ne tombe pas ?.....

L'ANGE.

Les zônes de l'éther, ceinture rayonnante
Aux sept anneaux d'air et de feu,
N'ont pu nous arrêter, et la foudre tonnante
Semble sur ses éclairs nous lancer jusqu'à Dieu !.....

C'est l'infini toujours, l'infini, vaste, immense
Abîme, azur illimité ;
Puis le vide impalpable où le chaos commence,
Qui derrière les cieux peuple l'immensité.

Je vois, je vois toujours ; j'ai dépassé les crêtes
Du dernier cercle des soleils ;
Mon pied ne pose plus sur le front des planètes,
Et je vois s'éloigner leurs horizons vermeils. —

Arrêtons-nous, ma sœur, sur cette étoile blanche
Ainsi que deux tendres ramiers,
Qui viennent s'abriter le soir sur une branche,
Et respirer l'amour à l'ombre des palmiers.
Invisible pour toi, je sens la main qui tremble
Dans ma main que tu ne vois pas.

MINLA.

Explique-moi les cieux où nous volons ensemble;
Dis-moi: quel est ce bruit qui marche sur mes pas?

L'ANGE.

C'est l'accord incessant de la nature entière
Qui célèbre son Créateur;
Les soleils et les vents, les airs et la lumière
Dans un hymne éternel proclament leur Auteur.

Chaque étoile le loue, et toujours dans l'espace
Ce saint nom est trois fois béni;
Et lorsqu'un chérubin d'un monde à l'autre passe,
Il mêle ses accents aux chœurs de l'infini.

Gloire à Dieu!..... Gloire à Dieu!..... Cette prière unique
De tous les points monte à la fois;
Les quatre vents du ciel répètent ce cantique.
Dans les airs entends-tu se croiser mille voix?.....

MINLA.

J'entends des bruits confus qui montent de la terre,
Et qui bénissent l'Éternel.
Oui, la plaine et les monts, la lande solitaire,
La vallée embaumée et les oiseaux du ciel,

La goutte de rosée et la feuille qui tremble,
L'insecte et la mousse des bois,
Le nid qui se balance à la cime du tremble,
Les vents, les flots, les mers, parfums, chants, douces [voix,
Ne sont qu'une seule prière
Qui chante la gloire de Dieu.
L'accord de la nature entière
Parcourt une échelle de feu ;
Chaque note mystérieuse,
Dans sa plainte mélodieuse,
Redit son hymne dans le ciel,
Tandis que la sphère infinie
Mêle sa lointaine harmonie,
Aux chœurs qui chantent l'Éternel.

L'Ange.

Entends-tu maintenant cette voix lamentable
Qui monte dans l'immensité ?.....
Soupirs, sourdes rumeurs, plainte incommensurable
Qu'à travers l'infini pousse l'humanité ?.....

Entends-tu les clameurs du faible qu'on outrage ?.....
Des cris forcenés et cruels ?.....
Respires-tu l'odeur du sang et du carnage ?.....
Vois-tu fumer l'encens sur d'immondes autels ?.....

Minla.

J'entends une plainte éternelle
Qui remplit mon âme d'effroi !.....

Ange, abrite-moi sous ton aile;
Je suis triste, protège-moi !.....
Des merveilles de l'Empyrée
Encore éperdue, enivrée,
La terre répugne à mes yeux !.....
Il est des biens qu'il faut défendre;
Puisque je devais en descendre
Pourquoi me montrais-tu les cieux ?.....

Pourquoi me révéler la splendeur infinie
Qui couronne le front de Dieu,
Et me laisser ouïr l'ineffable harmonie
Des astres suspendus à leur chaîne de feu ?.....

Hélas !..... les bruits humains vont blesser mes oreilles
Mes pas dédaigneront le sol !.....
Mes yeux se sont éteints à voir tant de merveilles,
Mon essor impuissant ne trouve plus son vol.

Tu me prêtais une aile, et j'ai des pieds d'argile
Cloués au terrestre séjour.
J'ai vu les cieux ouverts !..... cette terre stérile
Ne peut plus rien m'offrir digne de mon amour !.....

La soif de l'infini me brûle et me dévore;
O mon frère, délivre-moi !.....
Je voudrais m'élancer vers un bien que j'ignore;
Être inconnu que j'aime, appelle-moi vers toi !.....

III.

La Mort.

L'Ange.

Douce Minla, qu'as-tu ?..... pourquoi ton front si pâle
S'incline-t-il comme une fleur ?.....
Ton teint frais a perdu sa rougeur virginale ;
Pourquoi tes yeux sont-ils voilés par la douleur ?.....

Hélas !..... hélas !... qu'as-tu ?... tes longues tresses blondes
Se déroulent jusqu'à tes pieds ;
Dans les airs embaumés flottent leur molles ondes,
Glissant en franges d'or sur tes genoux pliés.

Ta main languissamment à tes côtés retombe,
O Minla ! ô Minla, qu'as-tu ?...
Ne fais donc pas ainsi ! Souris, ô ma colombe ;
Relève ton beau front un instant abattu.

Par pitié, dis un mot, un seul, pour que j'entende
Le son enivrant de ta voix !.....
Mais ta lèvre est glacée, et, sourde à ma demande,
Tu ne me réponds plus, comme aux jours d'autrefois.

Ma Sœur !..... qui ?..... toi, mourir !..... toi, si jeune et [belle !...
Mourir, et je suis éternel ?.....
Que ne puis-je échanger cette vie immortelle,
Contre un seul de tes jours, ou te donner mon ciel !.....

—

Et diaphane et pur comme une ombre divine,
Vers Minla tout en pleurs, l'ange éperdu s'incline.

MINLA.

Que veux-tu?..... que veux-tu?..... mon esprit radieux
Plane déjà dans l'Empyrée.
Je quitte un mond impur pour t'aimer dans les cieux,
Et m'enivrer d'amour à ta forme adorée!

La terre, comme un mur, s'élevait entre nous;
Enfin, je pourrai face à face,
Ange, mon bien-aimé!..... te voir!..... toi, qu'à genoux,
Depuis que je t'entends, j'appelle dans l'espace.

Hélas!..... Longtemps j'ai cru, dans le souffle de l'air,
Rayonnant te voir apparaitre;
Il est là, me disais-je, il descend sur l'éclair;
Sans l'avoir jamais vu, je saurais le connaître.

Dans l'étoile du soir je te tendais les bras,
Car je croyais te voir sourire;
Le vent harmonieux qui caressait mes pas
Me semblait les accords de la divine lyre. —

Oui, mon âme, exilée au milieu des humains,
De leur joie, ignore les charmes.
Ange, délivre-moi!..... Quoi?..... je sens sur mes mains
Perle à perle tomber tes invisibles larmes?.....

Qu'as-tu ?..... pourquoi pleurer ?..... quand je romps la
Qui m'enchaînait à cette terre ?..... [prison
Quand, libre auprès de toi, dans un vaste horizon,
Je pourrai du Très-Haut pénétrer le mystère ?. ...

J'aspire vers le Ciel, et ton céleste amour
Consume mon âme embrasée.
Je languis ici-bas, hâte mon dernier jour !.....
La fleur implore ainsi la goutte de rosée.

—

Et la Vierge vers lui tendait sa froide main;
Sa voix, en s'éteignant, n'avait plus rien d'humain.

L'Ange.

O de ma bien-aimée, âme chaste et chérie,
Si jeune tu veux tout quitter ?.....
Va dans les cieux ouverts chercher une patrie,
La terre n'était pas digne de te porter.

. . . .
. . . .
. . . .
. . . .
. . . .
. . . .
. . . .
. . . .

Tu seras dans le ciel l'ange la plus charmante;
Les Chérubins et les Ardeurs
Émus à ton aspect, ô ma pudique amante,
Inclineront leurs fronts rayonnants de splendeurs!

Et l'ange vers le ciel ouvrait déjà son aile
Lorsqu'une voix passa sous la voûte éternelle.

MINLA.

Quoi ?..... mon sein ne bat plus aux accents de ta voix?
Mon sang, comme l'onde glacée,
Qu'un souffle des hivers arrête dans les bois,
Se fige dans mon cœur, et voile ma pensée.
Mon ange, où donc es-tu ?..... ne m'abandonne pas !.....
Oh ! soutiens ma tête mourante !.....
Je vais te voir aux cieux !... porte-moi dans tes bras !..
Prends mon dernier soupir sur ma lèvre expirante.

—

Et l'ange en s'envolant, disait : Viens avec moi !.....
Lorsqu'un cri de bonheur répondit : Je te vois !.....

NOTE TROISIÈME

GLORIE E SVENTURE

(CHANTS SUR LA GUERRE DE L'INDÉPENDANCE ITALIENNE)

LES MARTYRS.

A travers la forêt épaisse,
Et les plaines et les marais,
Voyez-vous lorsque le jour baisse
Cette femme aux mâles attraits ?
Elle marche dans la nuit sombre,
Glisse tremblante comme une ombre ;
De froid son corps est engourdi,
Et la faim lentement la mine.
De l'amour, sublime héroïne,
Salut, Anna Garibaldi.

Ah! quand Rome vaincue eut dû céder au nombre,
Lorsque l'œil indigné vit sur chaque décombre
L'incendiaire obus outrager Raphaël,
Quand le peuple Romain, ce vieux peuple héroïque,
Rajeuni tout-à-coup, se redressait stoïque,
Et luttait comme un Dieu debout sur son autel.

Quand ce peuple si grand dut se courber encore,
Et, prenant pour linceul le drapeau tricolore,
Se creuser une tombe au pied du Quirinal;
Le preux Garibaldi, chassé de cette terre,
A laquelle il venait de rendre son tonnerre
Et de remettre encor sur son haut piédestal,

Dut fuir, tel qu'un banni, cette Rome adorée,
Et, comme Marius, de contrée en contrée,
Sous un habit obscur abriter son grand nom;
Sans abri, sans secours, manquant de nourriture,
A l'oiseau des forêts disputant sa pâture,
Se cachant quand le jour éclairait l'horizon.

Au milieu de la nuit il s'avançait sans guide;
Mais il n'était pas seul, le héros intrépide.
Voyez à ses côtés cette femme à l'œil noir?
Elle a quitté pour lui, la créole amoureuse,
Ses parents, ses trésors, son Amérique heureuse
Et son beau lac natal brillant comme un miroir.

Seule avec trois enfants, elle osa, noble mère (1),
Précéder son époux à travers l'onde amère.
Là, sous le toit modeste, où son Joseph est né,
Palpitante elle attend ; parfois, seule et pensive,
Elle rêvait au bruit de la vague plaintive
Et fixait sur les flots son regard obstiné.

Demandait-elle, hélas ! le vent frais des savanes ?
Le chant du Bengali ? le parfum des lianes ?
Pauvre femme exilée !..... à ce cœur fier et doux,
Hélas ! que manque-t-il si loin de la patrie ?
Blanche magnolia sous notre ciel flétrie,
Pour revivre il lui faut les baisers d'un époux !

Mais Nice a retenti d'un long cri d'allégresse;
Le voilà ce héros qu'attendait sa tendresse;
L'heureux Garibaldi dans ses bras est porté
Par la foule idolâtre..... ah ! le devoir réclame !
Contre l'absence encor; sois forte, ô pauvre femme !
Entends-tu retentir ces cris de liberté !

Oui, la patrie appelle ! Annita, désolée,
Tend les bras au bonheur, l'ombre s'est envolée !
A Rome où l'on se bat, oui, c'est là qu'elle ira:
Comment l'abandonner lorsque le canon gronde ?
Pâle, les yeux hagards, dans sa terreur profonde:
Qui donc a-t-elle dit, qui donc le défendra ?

(1) Mad[me] Garibaldi arriva à Nice dans les premiers jours du mois de mars 1848, seule avec ses trois enfants : Ménotti, Thérésita et Ricciotti.

Elle, elle, elle part; en vain sa vieille mère
Lui montre Menotti, doux portrait de son père:
Rien ne veut l'arrêter; elle a, suprême effort!
Pour la dernière fois, d'une main convulsive,
Pressé contre son cœur Thérésita craintive
Et couvert de baisers son dernier né qui dort.

Là, sous le feu de la mitraille
Elle combat à ses côtés;
Intrépide dans la bataille,
Les vêtements ensanglantés,
L'œil en feu, l'ardente créole
Sur son coursier s'élance, vole,
Et dans le sein de l'oppresseur
Plonge sa dague frémissante,
Et puis, douce et compatissante
Pour nos blessés est une sœur.

Mais quand il fallut fuir, lorsque Rome la sainte
Mourut comme un martyr, sans pousser une plainte,
Annita sans pâlir à suivi son époux.
Seuls à travers les monts, les forêts, les abimes,
Traqués par l'ennemi, ces proscrits magnanimes
Sans asile et sans pain, là-bas, les voyez-vous?

Hélas! pendant dix nuits et pendant dix journées
De l'herbe et de la fleur aux champs abandonnées
Ils tâchaient d'apaiser les horreurs de la faim:
Et, lorsque le sommeil accablait leur paupière,
Sur l'aride sentier ils cherchaient une pierre.
Pauvre Anne..... et tu portais un enfant dans ton sein!

Déjà ses pieds sanglants, que la ronce déchire,
Refusent d'avancer; mais la noble martyre
Sans se plaindre sourit, et marche, marche encor
Parfois pour soulager sa touchante faiblesse
Le général la porte et sur son cœur la presse,
D'un ineffable amour prodiguant le trésor!

Pendant deux jours encore, tremblante, elle se traîne;
La soif brûle sa lèvre, elle respire à peine:
Pas un fruit pour calmer les ardeurs de son sang!
La faim, la faim toujours dévore sa poitrine;
Sur le sein du héros, hélas! elle s'incline
Et sourit, quand la mort glace déjà son flanc!.....

Deux jours ils vont encor; elle, pâle, engourdie,
Attachant à son cou sa main froide et raidie:
Et lui, la contemplant d'un regard triste et doux,
Et leurs voix murmuraient des mots pleins de tendresse...
Tout à coup elle jette un long cri de détresse
Et se renverse morte aux bras de son époux!.....

Oui, morte de besoin, oui, morte de fatigue
D'amour, de dévoûment! son noble cœur prodigue
Ne sut pas s'arrêter..... martyre du devoir,
Femme sainte et sublime, aussi grande que l'homme
Dont la gloire a jeté son prestige sur Rome,
Chaste rose fauchée, hélas! si loin du soir!

Son nom honorera l'Italie et les femmes:
Puisse son dévoûment prouver aux jeunes âmes
Que rien ne rend si grand qu'une grande vertu;
Qu'un amour chaste et pur est l'étoile qui brille
Dans ce ciel radieux qui voile la famille,
Et qu'on n'obtient le prix qu'en ayant combattu.

NOTE QUATRIÈME

PLEURS ET SOURIRES

(ÉTRENNE POÉTIQUE DÉDIÉE AUX DAMES PIÉMONTAISES)

Les Noces du Papillon.

Un jour le papillon, lassé d'être volage,
Voulut se marier;
De ses ailes d'azur, de l'or de son corsage,
Il se sentait tout fier.

Il croyait qu'à l'amour la beauté doit suffire,
Et que, jeune, amoureux,
Il n'aurait qu'à vouloir, il n'aurait qu'à le dire,
Hélas pour être heureux!

Vers la prairie en fleurs, tout joyeux, tout en fête
Il avait pris l'essor,
Vers les vierges, ses sœurs, il agitait la tête
Et son corsage d'or;

Une guèpe le vit, la guèpe est envieuse
        Comme tout ignorant ;
Elle courut à lui, puis, d'une voix mielleuse,
        Lui dit en soupirant:

« A quoi sert d'être beau, d'être jeune, mon frère,
        « As-tu quelque trésor ?
« A quoi te sert d'aimer, l'amour et la misère
        « Vont rarement d'accord! »

Honteux, en inclinant la tête,
Le pauvre papillon pleura;
Pour lui plus d'avenir en fête,
Plus d'amour, triste, il soupira.
Dans une goutte de rosée
Il mira son front consterné;
Et sa voix murmurait brisée:
« Mieux valait ne pas être né!! »

« Aidons-nous, aidons-nous, telle est la loi suprême;
« Qu'un lien fraternel nous unisse entre nous;
« Tout est facile alors qu'on s'entend et qu'on s'aime,
« Et le bonheur qu'on donne est toujours le plus doux. »

Et les fleurs se disaient entr'elles:
« Il ne vient pas nous courtiser!
« Avons-nous cessé d'être belles?
« A qui le miel de son baiser? »
Et le papillon triste et pâle
Répondit: « O mes chastes sœurs,
« Du bonheur une loi fatale
« M'a nié toutes les douceurs.

« La nature en vain m'y convie;
« En vain une jeune beauté,
« Enchanterait toute ma vie
« De tendresse et de volupté ;
« Je suis pauvre, à ma fiancée,
« Hélas! je ne puis rien offrir!
« Je courbe ma tête affaissée,
« O mes sœurs, laissez-moi mourir! »

« Frère, lui dit alors la rose virginale,
« Dans mon sein je te logerai;
« Mon calice sera ta chambre nuptiale,
« De parfums je l'embaumerai. »

« Oh! dit le papillon, dans ta couche vermeille,
« La faim troublerait mes amours. »
« J'ai mon miel parfumé », lui répond une abeille
Qui butinait aux alentours.

Le papillon joyeux dit: « A ma fiancée
« Il faudrait un voile d'argent. »
« Prends la coque que j'ai pour moi-même tissée, »
A repris le ver diligent.

« Aidons-nous, aidons-nous, telle est la loi suprême:
« Qu'un lien fraternel nous unisse entre nous,
« Tout est facile alors qu'on s'entend et qu'on s'aime,
« Et le bonheur qu'on donne est toujours le plus doux. »

« Mais, dit le papillon, cette fête splendide
« N'aura-t-elle pas de flambeau? »
« De mes feux brillants, fit le ver-luisant timide,
« J'éclairerai ce jour si beau. »

« Moi, reprend le grillon de sa voix vive et folle,
« Je célébrerai ton bonheur. »
« Et mon chant, dit alors la cigale frivole,
« Peindra ton amoureuse ardeur. »

« Et moi, dit la fourmi sage et laborieuse,
« Si je n'ai pas un gai refrein,
« O mes pauvres enfants, pour la saison frileuse
« Pour vous j'amasserai du grain. »

« Aidons-nous, aidons-nous, telle est la loi suprême;
« Qu'un lien fraternel nous unisse entre nous.
« Tout est facile alors qu'on s'entend et qu'on s'aime,
« Et le bonheur qu'on donne est toujours le plus doux. »

Et l'heureux papillon à sa jeune compagne
Étala ces riches présents;
On goûte les bienfaits que la grâce accompagne,
Et jamais ils ne sont pesants.

Ainsi le ver-luisant, l'abeille diligente,
Le grillon caché sous les fleurs,
Le ver laborieux, la fourmi vigilante,
La rose aux brillantes couleurs,

Tous offraient de s'aider pour ces noces si belles;
Pauvres et faibles aimons-nous,
Car alors qu'on le doit à des mains fraternelles,
Le bonheur nous semble plus doux.

INDEX

www.ingramcontent.com/pod-product-compliance
Ingram Content Group UK Ltd.
Pitfield, Milton Keynes, MK11 3LW, UK
UKHW020931180726
13838UKWH00002B/881